HENRI ET PERRINE,

COMÉDIE

EN UN ACTE ET EN PROSE;

IMITÉE DU DANOIS;

PAR A-J. DUMANIANT.

Représentée à Paris, pour la première fois, le 16 pluviôse an IX, sur le théâtre de l'Ambigu-Comique.

A PARIS,

Chez ANDRÉ, Imprimeur-Libraire, rue de la Harpe, N°. 477.

———

AN NEUVIÈME. — 1801.

PERSONNAGES.	ACTEURS.
DERCOUR, amant d'Éléonore,	JOLIVET.
HENRI, } domestiques de Dercour,	CORSE.
MASCARILLE,	DURANCY.
ÉLÉONORE,	M.elle L'ÉVÊQUE.
PERRINE, } suivantes d'Éléonore,	M.elle BOURGEOIS.
JEANNETTE,	M.me DACOSTA.

La scène est à Paris sur le boulevart. La maison de Dercour est à la gauche de l'acteur ; celle d'Éléonore à droite ; l'une et l'autre presque aux coulisses du fond.

Les acteurs sont placés au théâtre comme ils le sont en titre de chaque scène. Le premier, dont le nom est écrit, a son interlocuteur à sa gauche, ainsi des autres.

HENRI ET PERRINE,
COMÉDIE.

SCENE PREMIERE.

HENRI, *seul, sort de chez Dercour. (Il est en habit brodé, l'épée au côté.)*

La jolie chose que d'être riche ! c'est le seul métier que l'on fasse vite, bien et sans apprentissage. Ah ! que je sens bien la vérité de cette maxime, que j'ai entendu dire je ne sais où et je ne sais par qui : la plupart des hommes ne valent que par leur entourage. N'étois-je pas ce que je suis il y a huit jours ? Ai-je embelli depuis ce tems-là ? ai-je plus d'esprit que je n'en avois ? non : je suis toujours le même ; je le sens à merveille. Il me prend la fantaisie d'endosser un bel habit, qui ne m'appartient pas ; je m'étale dans un bon carosse, quand ma place est marquée derrière : eh bien ! personne, que je sache, ne lit sur mon visage que je ne suis qu'un faquin de laquais. Il est vrai que j'ai une certaine tournure, une certaine aisance... Ah ! mon pauvre Henri, si les autres te méconnoissent, ne te méconnois pas toi-même. Attends, pour laisser les fumées de l'orgueil te monter au cerveau, que ta fortune soit assurée ; alors tu pourras faire l'insolent ; alors tu oublieras ce que tu fus : mais jusques là, prépare-toi doucement à redescendre à ta place, et comme un bon acteur, en déposant ton costume en finissant ton rôle, rentre avec prudence dans la classe des gens de ton état. — Qu'aperçois-je ? n'est-ce pas Mascarille, mon camarade ? Donnons-nous des airs : voyons s'il sera la dupe de ma métamorphose.

SCENE II.
HENRI, MASCARILLE.

MASCARILLE.

Ah ! que ce chien de Paris est grand ! La maison que j'ai achetée est sur le boulevart Neuf, me dit mon maître. Je m'imagine, en arrivant à la barrière, qu'il est indifférent de prendre à droite ou à gauche, que je trouverai ce boulevart tout de suite, et je marche depuis deux grandes heures. Si ceux que j'ai

4 HENRI ET PERRINE,

interrogés ne se sont point moqués de moi, m'y voilà, graces au ciel. Où sera la maison? c'est le cas de m'en informer. Demandons au premier venu.

HENRI, *à part.*

Il vient à moi, pavanons-nous. (Il chante.) *Oui, c'en est fait, je me marie.*

MASCARILLE.

Oserais-je?

HENRY *continue de chanter.*

Je vais vivre comme un Caton.

MASCARILLE.

Puis-je vous demander...

HENRI.

Est-ce à moi que vous en voulez, mon ami?

MASCARILLE, *le reconnoissant.*

Ah! mon Dieu!

HENRI.

Qu'avez-vous donc?

MASCARILLE.

Aurois-je la berlue?

HENRI.

Cet homme extravague, ou il est ivre. Que signifie cet air effaré en me regardant?

MASCARILLE.

On seroit étonné à moins.

HENRI.

Il arrive dans ce pays-ci des choses incroyables.

MASCARILLE.

Oh! c'est lui!

HENRI.

Comment, c'est lui! Est-ce de moi que vous parlez? cette façon de s'exprimer est familière. Est-ce que je suis un lui?

MASCARILLE.

Pardon! c'est que vous ressemblez comme deux gouttes d'eau à un maraud de mes amis.

HENRI.

Je ressemble à un maraud!

MASCARILLE.

Bon garçon, d'ailleurs.

HENRI.

Ceci nous raccommode. Ce maraud se nomme?

MASCARILLE.

Henri, au service du capitaine Dercour.

HENRI.

Au service du capitaine Dercour? Apprenez, faquin, que c'est moi qui suis ce Dercour.

MASCARILLE.

Ceci est trop fort.

HENRI.

Il faut bien que vous le veuilliez, puisque tout le monde le veut.

MASCARILLE.

Oh! parbleu! je ne souffrirai pas qu'avec les habits de mon maître, tu lui voles son nom. Je renonce à notre ancienne amitié : je ne suis plus l'ami d'un fripon. Je cours aux magistrats.

HENRI.

Doucement, Mascarille, doucement. Comme ta probité s'effarouche! avant de faire une esclandre, écoute-moi.

MASCARILLE.

Ta conduite est indigne d'un serviteur honnête.

HENRI.

On ne condamne point les gens sans les entendre.

MASCARILLE.

Que diras-tu pour ta justification?

HENRI.

Mon maître doit venir à Paris pour se marier à une jeune personne.....

MASCARILLE.

Tu prétends l'épouser à sa place?

HENRI.

Parce que tu as vu, dans une comédie, un valet intrigant tenter une entreprise pareille, tu m'en soupçonnes capable?

MASCARILLE.

Les apparences.....

HENRI.

Voilà comme le monde juge, et les trois quarts du tems le monde n'a pas le sens commun.

MASCARILLE.

Justifie-toi donc.

HENRI.

D'abord, je ne connois pas la personne que mon maître doit épouser, son nom, son état, sa condition, sa fortune; tout cela est un mystère dont il n'a pas jugé à propos de me faire part. C'est, dit-il, une jeune demoiselle fort bien élevée, modeste, spirituelle et sage. Celle que j'épouse, qui m'enrichit, est tout l'opposé de ce caractère. Je la soupçonne un peu étourdie et coquette. Ce n'est pas à moi à faire le difficile sur les qualités; elle me veut, je la prends, et tout finit par-là.

MASCARILLE.

Elle te veut? C'est que tu la trompes.

HENRI.

C'est elle seule qui s'abuse, mais je la laisse aller : j'aurois mauvaise grace à faire le cruel.

MASCARILLE.

Cette femme s'est jetée à ta tête?

HENRI.

Ecoute mon aventure. Mon maître, comme tu le sais, m'a envoyé ici pour meubler sa maison, arrêter un nouveau valet, un cocher, acheter des habits, un carosse : je m'entends à tous ces détails, et je puis dire que j'ai agi en galant homme : j'ai ménagé sa bourse. Je fais les emplettes en son nom, c'est moi qui paie : on me prend pour lui. Comme cela ne tire point à conséquence, je laisse à chacun croire ce qu'il veut. Pour essayer la voiture, je me mets dedans. Aurois-je pu lui dire que les ressorts de son carosse étoient bons, si je n'en eusse pas fait l'épreuve? saurois-je si les chevaux vont bien, si je les eusse laissés à l'écurie? Ma conduite n'a rien de répréhensible, et je ne crains pas du tout que mon maître m'en fasse de reproches.

MASCARILLE.

usques là ; mais la suite?

HENRI.

La suite est toute aussi innocente que le commencement. Une dame qui reste là vis-à-vis, maîtresse de sa personne, de sa fortune, de ses actions, me trouve à son goût, me fait des mines : j'y réponds. Elle m'agace, je suis poli; elle me rencontre : je la salue; elle s'approche, je ne la fuis pas. Pouvois-je en conscience lui faire un crime des sentimens qu'elle a pour moi? Sans hasarder la moindre question sur mes biens, sur mon état, elle m'offre sa main : je la prends au mot. Il est vrai qu'elle croit que je me nomme Derçour; mais ce n'est pas moi qui le lui ai dit. Comme elle n'en veut qu'à ma personne, elle l'aura. Le nom ne fait rien à l'affaire, et je crois sans l'offenser qu'elle ne fait pas là une méchante emplette.

MASCARILLE.

Si tu n'es pas bien coupable, tu n'es pas non plus tout-à-fait pur.

HENRI.

J'en conviens. Si l'on étoit si vétilleux dans le monde, on ne verroit pas une seule fortune se faire. J'avoue que j'ai eu l'étrenne de la nouvelle garde-robe de mon maître : il y est fait ; il sait bien que je n'eus jamais d'autre linge que le sien. Dercour m'aime : il est bon, je lui avouerai ma faute : il n'en fera que rire.

MASCARILLE.

Coquin ! tu abuses de ses bontés.

HENRI.

Non, mais j'en use.

MASCARILLE.

Un peu largement.

HENRI.

Que t'importe ? Pour faire taire tes scrupules, je te promets quinze cents francs le jour de mon mariage.

MASCARILLE.

Tu exiges que je te serve dans tes fourberies ?

HENRI.

Quel diable d'homme es-tu avec tes fourberies ? je ne veux pas que tu dises un seul mensonge. Si l'on t'interroge sur Dercour, dis-en tout le bien que tu en sais.

MASCARILLE.

Si l'on me parle de Henri ?

HENRI.

Dis-en tout le mal que tu en penses.

MASCARILLE.

A ce prix, je suis à toi. Je veux bien en faveur des quinze cents francs laisser durer le quiproquo.

HENRI.

Entendons-nous, cependant. Tu m'obéiras, tu porteras mes lettres, tu auras un air respectueux avec moi.

MASCARILLE.

Respectueux ?

HENRI.

Sans doute ; je paie assez bien ton respect. Songe aux quinze cents francs !

MASCARILLE.

Si tu pouvois me les avancer ?

HENRI ET PERRINE,

HENRI.

C'est comme si tu les tenois. C'est de l'or en barre : à moins que, par quelque indiscrétion, tu ne fasses échouer mon mariage.

MASCARILLE.

Allons, je te promets un effort. Je ferai semblant de te respecter. Cependant, hâte-toi de conclure : mon maître arrive aujourd'hui : cela pourroit déranger tes projets.

HENRI.

Diable ! il n'y a pas un moment à perdre : je vois sortir la suivante de mon adorable Éléonore, remets-lui ce billet amoureux pour ma dulcinée ; je me montrerai ensuite. Ce billet doit produire un effet magnifique : je l'ai composé moi-même, et j'y ai mis tout mon talent.

SCENE III.
JEANNETTE, MASCARILLE.

MASCARILLE *examinant Jeannette qui marche en rêvant.*

Cette suivante me revient assez ; profitons de la circonstance. Un mot, ma belle enfant.

JEANNETTE.

Je n'ai pas l'honneur de vous connoître.

MASCARILLE.

On fait connoissance.

JEANNETTE.

Il faut un motif.

MASCARILLE.

Il est tout trouvé. Voyez-vous ce poulet ? il s'adresse à mademoiselle Éléonore, qui doit être une fort aimable personne, si je juge d'elle par sa suivante.

JEANNETTE, *à part.*

Il est galant. (*Haut.*) Pour vous rendre le réciproque, je vous dirai, sans compliment, qu'il suffit de vous voir pour prendre la meilleure opinion de votre maître.

MASCARILLE, *à part.*

Cette fille est connoisseuse. (*Haut.*) Mon maître se nomme Dercour.

JEANNETTE.

Allons au fait sans verbiage : qu'est-ce que c'est que ce Dercour ?

MASCARILLE.

Un cavalier très-généreux, très-libéral.

COMÉDIE.

JEANNETTE.

Je ne m'en suis pas aperçue jusqu'à présent.

MASCARILLE.

C'est que vous ne le connoissez pas encore.

JEANNETTE.

Est-il opulent?

MASCARILLE.

Si Dercour est opulent! ah! je vous en réponds. Des terres en campagne, des maisons en ville, et un porte-feuille qui ne renferme pas un seul effet verreux.

JEANNETTE, *à part.*

Bon! j'aurai les cent pistoles que Perrine m'a promises.

MASCARILLE.

Que dites-vous?

JEANNETTE.

Je me réjouis des détails que vous venez de me donner.

MASCARILLE.

A mon tour, permettez que je vous interroge.

JEANNETTE.

Sur la fortune d'Eléonore?

MASCARILLE.

C'est cela.

JEANNETTE.

Éléonore n'a qu'un père.

MASCARILLE.

Combien lui en voudriez-vous donc?

JEANNETTE.

Si c'étoit l'usage d'en posséder plusieurs, et qu'elle en eût seulement deux comme celui que je lui connois, elle auroit alors quatre-vingt mille francs de rente.

MASCARILLE.

C'est-à-dire qu'elle en a quarante mille?

JEANNETTE.

Vous savez calculer.

MASCARILLE.

C'est mon fort que le calcul. (*A part.*) Mes quinze cents fr. sont sûrs.

JEANNETTE.

Ce que je viens de vous apprendre, paroît ne pas vous affliger.

MASCARILLE.

D'après l'éclaircissement, il faut brusquer l'affaire.

JEANNETTE.

C'est mon avis.

MASCARILLE.

Si vous suiviez le mien, on verroit deux nôces se faire le même jour.

JEANNETTE.

Quelle seroit la seconde ?

MASCARILLE.

Ne me devinez-vous pas ?

JEANNETTE.

À-peu-près ; mais vous plaisantez.

MASCARILLE.

Sur une affaire aussi importante que celle-là !

JEANNETTE.

Qu'on fait le plus souvent sans réflexion.

MASCARILLE.

On a tort ; mais je raisonne, moi : vous êtes jolie.

JEANNETTE.

Je vous parois telle.

MASCARILLE.

L'un vaut l'autre. Bref, je vous aime ; il vous faut un mari, je suis votre fait.

JEANNETTE.

Vous le croyez ?

MASCARILLE.

Sans doute. J'ai une bonne place et quinze cents francs.

JEANNETTE.

J'ai une excellente maitresse et une somme équivalente.

MASCARILLE.

Je suis gai.

JEANNETTE.

J'aime à rire.

MASCARILLE.

Point jaloux.

JEANNETTE.

Jamais querelleuse.

MASCARILLE.

Rapport unique !

JEANNETTE.

Parfait !

MASCARILLE.

Oh ! le joli petit ménage !

COMÉDIE.

JEANNETTE.

Comme il arrange cela !

MASCARILLE.

Il me semble que j'y suis ! Que je t'embrasse, mon enfant.

JEANNETTE.

Doucement ! doucement !

MASCARILLE.

Dans tout marché, il faut des arrhes : j'ai donné les miennes.

JEANNETTE.

Tu m'as forcée de les prendre.

MASCARILLE.

Rends-les moi, tu n'auras rien à débourser, et le traité sera toujours le même.

JEANNETTE.

Après le contrat.

MASCARILLE.

Passons-le donc bien vîte.

JEANNETTE.

Pour avoir ma somme, il faut que je la gagne.

MASCARILLE.

Je t'en offre autant.

JEANNETTE.

Courons à la fortune.

MASCARILLE.

Courons où l'amour nous appelle. Sans adieu, mon bijou.

(*Mascarille voit venir Perrine : il baise la main de Jeannette, et sort en saluant.*)

SCENE IV.
JEANNETTE, PERRINE.

PERRINE.

Quel est cet homme qui s'en va ?

JEANNETTE.

Ah ! ma chère Perrine ! vive Paris pour les femmes ! Quand elles sont gentilles, elles n'ont qu'à se montrer pour trouver un mari.

PERRINE.

Aussi brûlois-je d'y venir. Il me sembloit que je pressentois la fortune qui m'y étoit destinée. Tu as donc fait aussi une conquête ?

JEANNETTE.

Elle n'est pas aussi brillante que la tienne, mais je suis contente. Je n'aurai point de traverses à craindre, et j'aurai un mari de mon goût.

PERRINE.

Quel est-il, enfin?

JEANNETTE.

Mon ambition est bornée : c'est tout uniment le valet de ton prétendu.

PERRINE.

Cela me fâche, nous ne pourrons plus frayer ensemble.

JEANNETTE.

Je tâcherai de m'en consoler.

PERRINE.

Tu es une bonne fille : je te veux du bien. Allons, je te choisirai pour ma dame de compagnie, et je ferai de ton époux un homme d'affaires. A propos, as-tu interrogé ce garçon sur l'état, la qualité et la fortune de son maître?

JEANNETTE.

Ah! Perrine, que tu es heureuse d'avoir rencontré ce fou-là, qui te prend sans examen! Son valet m'a fait le plus bel étalage de sa fortune; et moi, pour gagner ce que tu m'as promis, je t'ai fait passer pour une riche héritière, et cela sans charger ma conscience. J'ai vanté les grands biens d'Eléonore : il a pris le change. Je t'aurois gratifiée de toutes les qualités de notre maitresse; qu'il auroit été également la dupe.

PERRINE.

Je crois, à cet égard, que je n'ai rien à craindre de ta critique.

JEANNETTE.

Tu as droit à mes louanges : tu me paies. Eh! mon dieu, j'oubliois qu'il m'a remis pour toi un billet de la part de son maître. Comment, tu serres ce billet sans le lire?

PERRINE.

Je sais bien à-peu-près ce qu'il m'écrit. Toutes les lettres d'amour se ressemblent, ce sont des transports, des flammes. On est rebattu de cela, et puis, s'il faut en convenir, je ne lis pas très-bien l'écriture.

JEANNETTE.

On a un peu négligé ton éducation.

PERRINE.

Je n'en ai que plus de mérite d'être ce que je suis. Remarquet-on en moi quelque chose qui sente la soubrette ? Vois ce port, cette taille, cette démarche élégante ; de ce coté-là, nous l'emportons sur les hommes. Un malotru a beau se vêtir magnifiquement, il y a toujours un je ne sais quoi qui le trahit. Il n'y a que nous autres femmes pour savoir changer de maintien et d'habitudes, ainsi que de costume.

JEANNETTE.

C'est inné chez nous. Qu'on me pare, qu'on m'ajuste, et je saurai me donner des airs tout comme une autre.

PERRINE.

Le croirois-tu, je ne trouve pas à Dercour cette gentillesse, cette aisance que j'admire dans les jeunes gens de Paris.

JEANNETTE.

Il est ce qu'on appeloit autrefois un provincial : il sent le terroir.

PERRINE.

Je le formerai.

JEANNETTE.

Je te conseille de commencer par l'épouser. L'arrivée imprévue d'Eléonore pourroit t'ôter l'espoir d'en faire un cavalier parfait.

PERRINE.

Ne connois-tu pas la gaîté d'Eléonore, sa vivacité, son enjouement ? ne sais-tu pas qu'elle aime à rire aux dépens de tous les sots ? Elle sera enchantée de ma fortune ; elle est même d'humeur à m'aider à la faire. Cependant, j'espère être madame Dercour avant qu'elle vienne à Paris : ce n'est point elle qui fera manquer mon mariage. Quant à mon prétendu, je le crois trop désintéressé pour me faire un crime de n'avoir pas de bien. S'il en eût voulu, il eût fait des informations. Il se tait sur cet article, c'est une preuve de sa générosité : je lui en tiendrai compte. J'aurai des bontés pour lui, peut-être un jour finirai-je par m'attacher sincèrement à sa personne.

JEANNETTE.

Comment ? tu feras cet effort !

PERRINE.

Eh ! n'en est-ce pas un que de promettre d'aimer son mari et de tenir parole ? Ah ! voici Dercour.

JEANNETTE.

Je vous laisse. En amour, un tiers est importun.

SCENE V.
PERRINE, HENRI.

HENRI.

Ah! je vous vois donc, mon bel ange! savez-vous que vous me tournez la tête? En vérité, depuis que je vous aime, que vous m'aimez, que nous nous aimons, je ne sais plus où j'en suis. L'inquiétude me tourmente : je sèche, je meurs, et j'aurois déjà cessé de vivre, si je n'avois pas une si robuste constitution.

PERRINE.

Le compliment est joli.

HENRI.

Je suis fort pour les complimens. Cela ne doit pas vous étonner, j'ai été singulièrement bien élevé. J'étois un petit prodige d'esprit dans mon enfance : on citoit mes bons mots une lieue à la ronde. Je crois, si j'eusse voulu m'en donner la peine, que je serois devenu un homme d'esprit. Je me serois fait un nom dans la littérature; mais j'aime mieux faire l'amour que des livres. L'un est plus amusant que l'autre. Cependant, dites-moi, sans me flatter, comment avez-vous trouvé mon petit billet du matin?

PERRINE.

Charmant.

HENRI.

J'en étois sûr. La phrase de la fin surtout..........

PERRINE.

Répétez-la moi, cette phrase.

HENRI.

L'auriez-vous oubliée?

PERRINE.

J'aimerois à vous l'entendre dire.

HENRI.

Volontiers. — Adieu, mon tendron.

PERRINE.

Le mot est bien choisi.

HENRI.

« Votre amant depuis huit jours, et votre époux dès ce soir
« même si le cœur vous en dit. »

PERRINE.

Cela est expressif.

HENRI.

Je n'aime pas ces styles entortillés où l'on a besoin d'un commentaire pour expliquer la pensée de l'auteur. Sans s'alembiquer l'esprit, on voit tout de suite où j'en veux venir. Que répondez-vous à l'épître?

PERRINE.

Si je n'avois pas été certaine de la pureté de vos intentions, je ne vous aurois pas mis dans le cas de m'écrire de la sorte.

HENRI.

Il est vrai que vous m'avez fait beau jeu.

PERRINE.

Il est des coups du sort.........

HENRI.

Il est des sympathies, dont la force, la singularité font que.....

PERRINE.

Comme vous dites fort bien.

HENRI.

Ainsi, ce que nous avons de mieux à faire est de terminer à l'amiable.

PERRINE.

Sans éclat.

HENRI.

Je le hais. Comme nous nous épousons pour nous, nous n'inviterons personne. Nous ne ferons part de notre mariage à qui que ce soit.

PERRINE.

Excepté au notaire.

HENRI.

Son ministère est un peu indispensable. Pour éviter les longueurs de son griffonnage, je lui signifierai que je me donne à vous corps et biens, sans restriction. Cette formule remplit tout.

PERRINE.

Cette formule me plaît. J'en agirai de même.

HENRI.

Le survivant aura tout.

PERRINE.

Ah! de quoi m'allez-vous parler?

HENRI.

C'est style d'usage. Il faut bien en passer par-là.

PERRINE.

Tout peut être terminé aujourd'hui.

HENRI.

Sans contredit. Nous sacrifions la matinée au notaire, ce soir on soupe tête à tête, et puis...

PERRINE.

Il est encore d'autres cérémonies.

HENRI.

On les ajourne. Le contrat est l'essentiel. Voyez-vous, les gens de loi n'en finissent plus; je suis pressé en diable. Enfin, comme dit le proverbe, *ce qui est fait, n'est plus à faire.*

PERRINE.

Aimable empressement !

HENRI.

Je vous désarme.

PERRINE.

Que vous êtes dangereux !

HENRI.

C'est que ma flamme est d'une vivacité...

PERRINE.

Et la mienne, Dercour ! et la mienne !

HENRI.

Les paroles me manquent pour exprimer ce que j'éprouve.

PERRINE.

Pourquoi tous les biens de la terre ne peuvent-ils suivre le don de ma main !

HENRI, *à part.*

Si je lui faisois un petit cadeau pour provoquer sa générosité ?

PERRINE.

Que dites-vous ?

HENRI.

Je songe à vous offrir un gage de ma flamme.

PERRINE, *à part.*

Bon ! il est généreux. (*Haut.*) Oh ! cela n'est pas nécessaire.

HENRI.

Pardonnez-moi. Les dons de l'amour flattent, et ne se refusent pas.

PERRINE.

Sans doute.

HENRI, *à part.*

Cette bague est à mon maître, je dirai que je l'ai perdue. Acceptez, mon bel ange, que je la place moi-même.

PERRINE.

Ce brillant est joli.

HENRI.

Bagatelle !

PERRINE, *à part.*

Il faut que je lui donne quelque chose.

HENRI, *à part.*

Elle va payer la bague.

PERRINE, *à part.*

Ce portrait ? Mais c'est celui d'Eléonore : qu'importe ?

HENRI, *à part.*

Elle rêve à ce qu'elle va me donner.

PERRINE, *lui offrant le portrait.*

Permettez que je vous présente cette marque de ma tendresse.

HENRI.

S'il a des diamans autour, je n'en veux point. (*A part.*) Comme c'est mentir !

PERRINE.

Rassurez-vous : c'est un portrait simplement encadré.

HENRI, *à part.*

Tant pis. (*Haut.*) C'est comme je les aime. (*A part.*) Je ne gagne pas au troc.

PERRINE, *à part.*

Je ne perds pas au change. (*Haut.*) Que dites-vous de la peinture ?

HENRI.

Superbe !

PERRINE.

Me trouvez-vous ressemblante ?

HENRI.

Frappante, madame !

PERRINE, *à part.*

Ce que c'est que l'imagination !

HENRI, *à part.*

Diable emporte si je reconnois un trait ! (*Haut.*) Ce portrait est bien, mais je préfère l'original.

PERRINE.

Vous me trouvez mieux ?

HENRI.
Mille fois.

PERRINE.
C'est ce que j'ai toujours dit.

HENRI.
Ne perdons pas le tems en discours : je vole chez mon notaire.

PERRINE.
Arrangez tout cela comme vous le voudrez, je m'en rapporte à vous : que je n'aie que ma signature à mettre.

HENRI.
Ah ! mon bel ange ! vous me transportez, vous me ravissez, vous m'enthousiasmez !

PERRINE.
Conservez cette belle chaleur.

HENRI.
Jusqu'à la mort.

PERRINE.
Adieu, aimable vainqueur.

HENRI.
Adieu, séduisante enchanteresse.

PERRINE.
Adieu, le plus aimable des aimables.

HENRI.
Adieu, le prototype de toute les beautés.

PERRINE.
Adieu, bel objet de ma flamme. Adieu, adieu, adieu.
(*Elle rentre chez Eléonore.*)

SCENE VI.
HENRI, *seul.*
(*Avant que Henri parle, Dercour traverse le théâtre; il vient par la gauche et entre chez lui.*)

HENRI.
Que c'est beau ! que c'est tendre ! Pour celle-ci, on peut dire qu'elle en tient. Il faut vraiment que je sois aimable ; elle m'aime pour moi seul ; elle ne m'a pas dit un mot qui annonce une ame intéressée. Ne lui laissons pas néanmoins le tems de la réflexion : dénichons quelque notaire expéditif. N'oublions pas de lui faire tout englober en peu de paroles, et, sans détails, tel que je l'ai dit à ma prétendue, *le survivant aura tout.* La belle idée que j'ai eue là !..... c'est que, si ma belle s'avise de mourir, j'hérite, et cela vous console. Qua-

rante mille francs de rente sont un lénitif à la douleur; cependant, elle est bonne personne, je ne lui souhaite pas de mal. Quant à moi, je puis déloger quand bon me semblera. Elle n'aura pas lieu de se réjouir: je ne lui laisserai pas seulement de quoi porter mon deuil.

SCENE VII.
HENRI, DERCOUR.

DERCOUR *sortant de chez lui.*

Que signifie cela? est-ce que je joue ici le personnage d'Amphytrion?

HENRI.

Que vois-je?

DERCOUR.

Je trouve chez moi des domestiques qui prétendent effrontément que je n'aie pas le droit de leur commander.

HENRI.

C'est mon maître. Qu'il arrive mal à propos!

DERCOUR.

Je me fâche; on me montre la porte, en me menaçant de la colère du maître du logis.

HENRI, *à part.*

Si je pouvois l'engager à ne pas me nuire. (*Il s'approche de Dercour et le salue humblement.*)

DERCOUR.

Qu'y-a-t-il pour votre service?

HENRI.

Est-ce que vous ne reconnoissez pas votre fidèle Henri?

DERCOUR.

Je devine à présent. Ah! c'est donc toi, maraud, qui me vaux l'accueil que je viens de recevoir dans ma propre maison?

HENRI.

Pardonnez à un malheureux serviteur, qui n'a pu résister à la tentation de trancher une fois en sa vie de l'homme d'importance.

DERCOUR.

Ce faquin mésuse sans cesse de mes bontés.

HENRI.

Il est vrai que je vous connois pour le plus indulgent des hommes.

DERCOUR.

A présent que j'y suis, tu permettras, je l'espère, que je

sois le maître. Allons! allons! que l'on aille à l'instant déposer ce costume.

HENRI.

Je suis ruiné, si je vous obéis.

DERCOUR.

Que veut dire cela?

HENRI.

Je suis entrain de faire ma fortune, permettez-moi de l'achever. Vous êtes trop galant homme pour me faire manquer un établissement superbe.

DERCOUR.

Est-ce que tu perds la tête?

HENRI.

Jamais je ne l'eus plus saine. Ecoutez le récit succinct de mon aventure. Séduite par mes appas que rehaussoit votre garde-robe et surtout votre voiture dans laquelle je m'étalois sans façon, une jeune dame est tombée amoureuse de moi. Sa passion est telle, qu'il n'y a que le mariage qui puisse l'éteindre. Pouvois-je laisser mourir d'amour la beauté qui m'adore? Je tiens de vous, mon cher maître, j'ai du penchant pour le beau sexe; et je suis toujours prêt à me sacrifier pour lui prouver mon dévouement.

DERCOUR.

Ah! mon pauvre garçon! tu es la dupe de quelque aventurière.

HENRI.

Oh! je m'y connois; ce n'est pas moi que l'on attrappe. Une aventurière? une fille qui n'a qu'un père, qui a quarante mille francs de rente, qui me les jette à la tête, qui ne veut pas souffrir le moindre délai, que j'épouse aujourd'hui, si vous n'y mettez point d'obstacle. Ah! mon cher maître, au nom de tous mes bons services, de ma fidélité, à mon escapade près, ayez pitié du pauvre Henri, laissez-le s'enrichir par un moyen si facile. Je vous jure que je ne deviendrai point insolent dans la prospérité, que je vous reconnoîtrai toujours pour mon maître et mon bienfaiteur; qu'enfin, ma bourse sera sans cesse à votre service, et que je vous prêterai de l'argent sans intérêt, quand vous en aurez besoin, comme cela vous arrive souvent.

DERCOUR.

D'honneur! ton pathétique me réjouit.

HENRI.

Vous avez ri : je suis pardonné.

COMÉDIE.

DERCOUR.

L'aventure est trop bouffonne. Tu me feras connoître ta prétendue.

HENRI.

Rien n'est plus facile. Je l'ai dans ma poche.

DERCOUR.

Il perd la raison.

HENRI.

Non pas elle, mais son portrait : regardez.

DERCOUR.

Que vois-je ?

HENRI.

Elle n'est pas mal, au moins, cette fille-là. Je crois pourtant que le peintre l'a un peu flattée.

DERCOUR.

C'est Eléonore !

HENRI.

Vous la connoissez. Eh bien ! n'est-ce pas un bon parti ?

DERCOUR.

Malheureux ! tu mourras de ma main.

HENRI.

Mourir, pour être aimé d'une jolie femme !

DERCOUR.

Tu n'es qu'un vil imposteur : tu lui as volé ce portrait.

HENRI.

Volé ! elle vient de me le donner à l'instant, pour gage de sa tendresse.

DERCOUR.

Cela est impossible. Elle ne se fût point oubliée au point d'écouter un maraud tel que toi.

HENRI.

On ne peut pas disputer des goûts : est-ce ma faute à moi si je lui plais ?

DERCOUR *le saisissant au colet*.

Oh ! c'en est trop : je vais châtier ton insolence.

HENRI *tombe à genoux*.

Je suis mort.

SCENE VIII.
HENRI, DERCOUR, MASCARILLE.
HENRI.
Mascarille, mon cher Mascarille ! viens protéger mon innocence.
MASCARILLE.
Ne le tuez pas, de grace, avant qu'il m'ait payé les quinze cents francs qu'il me doit.
HENRI.
Mascarille, confesse la vérité. N'est-il pas vrai que j'ai le malheur d'être aimé d'une jeune personne qui demeure là, vis-à-vis, qui se nomme Eléonore, et qui prétend m'épouser en dépit que j'en aie ?
MASCARILLE.
Je n'en voulois rien croire, mais rien n'est plus véritable. J'ai porté ce matin, pour elle, un message d'amour de la part de Henri. J'ai eu un entretien avec Jeannette, une de ses femmes : la demoiselle a quarante mille livres de rente ; mais il faut qu'elle soit quarante fois folle pour épouser, sans examen, un faquin revêtu, qui n'a d'autre mérite qu'un peu d'impertinence.
HENRI.
Je te remercie, Mascarille, Eléonore est folle, soit ; mais j'en profite, moi, et cela n'est pas fou.
DERCOUR.
Perfide Eléonore ! je me vengerai de cette infame trahison !
HENRI.
Quoi ! cette Eléonore...
DERCOUR.
Est celle que j'adorois, avec qui je venois me lier d'une chaîne éternelle.
HENRI.
Puisque cela est ainsi, je retire mon enjeu. Je cours la désabuser sur mon compte : je lui dirai qui je suis. Elle renoncera à moi : elle vous raimera sans doute ; car, enfin, vous valez mieux que moi.
DERCOUR.
Non, non : elle est digne de toi, Henri.
HENRI.
Je suis incapable de vous jouer un aussi vilain tour. J'ai des principes, de l'honneur : je ne veux pas d'une femme dont la perte vous est si sensible.

DERCOUR.

Moi ! la regretter après cette bassesse !

HENRI.

Vous pouvez la reprendre sans scrupule : un pauvre petit baiser est tout ce que j'ai obtenu d'elle.

DERCOUR.

Oh ! je conçois un projet différent. C'est toi que je charge du soin de ma vengeance.

HENRI.

Ordonnez.

DERCOUR.

Continue ta poursuite.

MASCARILLE.

Je continuerai donc aussi de mentir pour le servir dans ses amours ?

DERCOUR.

Je l'exige.

MASCARILLE.

Et vous me garantissez les quinze cents francs que m'a promis Henri.

DERCOUR.

Sois tranquille.

MASCARILLE.

C'est que j'aime mieux votre parole que la sienne.

DERCOUR.

Que j'aurai de plaisir, quand elle sera l'épouse de ce maraud, de la désabuser sur son compte !

HENRI.

Soit, après la noce.

DERCOUR.

De lui dire : ce rival que vous m'avez préféré est mon valet, un malheureux sans éducation, sans esprit.

MASCARILLE.

Un ivrogne, un libertin, qui court après toutes les femmes.

HENRI.

Je le passe à mon maître ; mais à toi !

DERCOUR.

Elle en mourra de dépit et de rage.

HENRI.

Et moi j'hériterai. Vous me permettez donc d'aller chez le notaire ?

DERCOUR.

Hâte un moment si desiré par l'infidelle. Viens m'avertir quand tout sera fini. — Rentrons, ma tête n'est pas à moi, mon agitation est extrême. Ah ! les femmes !... je suis au désespoir !

SCENE IX.
HENRI, MASCARILLE.

HENRI.

Je vous ordonne à vous, faquin, impertinent drôle, d'aller dire à mon infante que je me rendrai dans un quart-d'heure chez elle, par la petite porte, avec mon notaire, et qu'elle se dispose à signer son bonheur.

MASCARILLE.

Puisque je suis payé pour cela, je remplirai le message; mais tu peux te mettre dans la tête que ce n'est pas pour toi que j'en agis ainsi.

HENRI.

Nous verrons si tu conserveras ce petit ton de familiarité quand j'aurai mes quarante mille francs de rente ; mais je perds mon tems avec un malheureux valet. Allons, Henri, mon ami, vole où t'appellent tes hautes destinées.

SCENE X.
MASCARILLE.

Le bonheur de ce coquin de Henri m'indigne. Une effronterie, qui devoit lui valoir cent coups de bâton, va l'enrichir à jamais. Pourquoi cela ne m'est-il pas arrivé plutôt qu'à lui ? Il me prend des démangeaisons de faire éventer la mine. Ah ! sans les ordres de mon maître, et les quinze cents francs surtout, je ne lui laisserois pas l'avantage de pouvoir me narguer avec tant d'insolence.

SCENE XI.
ÉLÉONORE *en robe de voyage;* PERRINE, JEANNETTE, MASCARILLE.

ÉLÉONORE, *à Perrine, en entrant en scène.*

Ce que tu me dis là est incroyable.

COMÉDIE.

JEANNETTE.

Eh! tenez voici son valet.

MASCARILLE, *à part.*

La plus parée est sans doute Eléonore. (*A Perrine.*) Je viens, charmante personne, vous dire de la part de mon maître qu'il va à l'instant, par la petite porte, se rendre chez vous avec son notaire.

ÉLÉONORE *à Perrine qui est embarrassé.*

Réponds.

PERRINE.

Dites-lui qu'on ne le fera pas attendre. (*Bas à Éléonore.*) Puisque vous le voulez, j'y consens.

MASCARILLE *à Jeannette.*

Notre marché tient-il toujours?

JEANNETTE.

Plus que jamais.

MASCARILLE *à Perrine.*

Je vais dire à Dercour que j'ai rempli son message. (*A part, en s'en allant.*) En dépit que j'en aie, ce maraud-là fera fortune.

SCENE XII.
ÉLÉONORE, PERRINE, JEANNETTE.

ÉLÉONORE.

Cette dernière preuve de sa perfidie triomphe de mon incrédulité.

PERRINE.

Si j'avois su le nom de votre prétendu, je me serois bien gardée d'accepter ce cadeau et d'écouter ses galanteries.

ÉLÉONORE.

Je suis ravie de cette aventure: elle m'apprend à le connoître. Quel sort je me préparois en devenant sa femme! heureusement que je suis libre encore.

PERRINE.

Vous prenez votre parti gaîment.

ÉLÉONORE.

Si une rivale artificieuse, une de ces femmes que l'on craint m'eût enlevé son cœur, je pourrois éprouver du dépit; mais il me sacrifie à qui?

PERRINE.

Vous mortifiez singulièrement mon amour-propre.

ÉLÉONORE.

Je ne te vois point avec les yeux de la jalousie : tu es une excellente fille, bien étourdie, bien folle ; mais, sans t'offenser, je crois te valoir.

PERRINE.

J'ai mon petit mérite.

ÉLÉONORE.

En voilà la preuve.

PERRINE.

Enfin, vous me l'abandonnez.

ÉLÉONORE.

Un homme tel que lui n'est pas à regretter. Je rougis de m'être méprise sur ses sentimens. Je suis au désespoir de n'avoir pas prévenu son inconstance ; je veux du moins qu'il se l'imagine, et je ferai tout pour l'en persuader.

PERRINE.

Et vous ne m'en voulez pas de mon bonheur ?

ÉLÉONORE.

Je voudrois le hâter. Il ne faut pas le faire attendre ; va ma chère Perrine, va m'aider à tirer de lui la vengeance la plus complette que je puisse jamais desirer.

PERRINE.

Mon intérêt et mon inclination tout m'y porte, et je cours vous servir. (*A Jeannette, en s'en allant avec elle.*) J'espère, quand Dercour sera mon époux, qu'elle aura pour moi ces égards que l'on accorde à la fortune.

SCENE XIII.
ÉLÉONORE.

Ah ! Dercour ! ingrat amant ! voilà donc cet amour qui devoit durer autant que votre vie ! Et ces hommes ! ils osent nous accuser d'inconstance et de légèreté ! A les en croire, ils n'ont que des vertus, et nous que des défauts ; il faut supporter leurs outrages avec tranquillité : ils jouissent de nos larmes. Non, je ne laisserai point à mon parjure la gloire de penser que sa perte ait pu me coûter le plus léger regret.

SCENE XIV.
ÉLÉONORE, DERCOUR.
DERCOUR.

Je ne saurois tenir en place ; je doute encore de l'infidélité d'Eléonore ! Que vois-je ? c'est elle !

COMÉDIE.

ÉLÉONORE, *à part.*

Voilà le perfide !

DERCOUR, *à part.*

Si elle est coupable, elle n'osera pas soutenir ma présence.

ÉLÉONORE, *à part.*

Je suis outrée, mais dissimulons.

DERCOUR *fait quelques pas et s'arrête.* (*A part.*)

Je tremble de l'aborder.

ÉLÉONORE.

Avancez sans crainte ; ne pensez pas que votre vue me cause la moindre émotion.

DERCOUR.

Je n'en doute pas. Ne croyez point à votre tour que je vienne pour essayer de regagner votre cœur.

ÉLÉONORE.

Ce seroit bien inutilement, je vous le jure.

DERCOUR, *à part.*

Quelle audace ! (*Haut.*) Le ciel me préserve d'avoir une pensée aussi lâche !

ÉLÉONORE.

Il y a long-tems que je vous vois tel que vous êtes.

DERCOUR.

Ce qui me ravit dans cette aventure, c'est que je n'éprouve pas le moindre mouvement de dépit ou de colère.

ÉLÉONORE.

Jamais je ne jouis d'un calme plus parfait.

DERCOUR, *à part.*

Ah ! la perfide !

ÉLÉONORE, *à part.*

Oh ! le traître !

DERCOUR, *avec feu.*

Sexe volage......

ÉLÉONORE, *avec feu.*

Hommes trompeurs....

DERCOUR, *de même.*

Qui croit à vos discours...

ÉLÉONORE, *de même.*

Qui se fie à vos sermens...

DERCOUR, *de même.*

Connoît bientôt son errreur.

ÉLÉONORE, *de même.*

Ne tarde pas à se repentir de sa crédulité.

DERCOUR, *à part.*

Insensé ! je m'emporte.

ÉLÉONORE, *à part.*

Malgré moi, mon courroux éclate.

DERCOUR.

Éléonore, vous tenez mal votre promesse : cette agitation....

ÉLÉONORE.

C'est vous qui tenez mal la vôtre.... vos yeux sont enflammés.

DERCOUR.

Je ne m'en défends pas ; je suis agité....

ÉLÉONORE.

Si je le suis à mon tour...

DERCOUR.

Moi, c'est par un sentiment que j'éprouve avec violence ; mais les expressions me manquent pour le définir.

ÉLÉONORE.

Je suis plus heureuse que vous. — Ce que j'éprouve à présent, c'est de la haine.

DERCOUR.

Je suis charmé que ce mot vous soit échappé ; j'étois trop honnête pour le dire.

ÉLÉONORE.

Je n'ai jamais su cacher ce que je pense.

DERCOUR.

Je vous sais gré de votre franchise.

ÉLÉONORE.

Oh ! elle durera, cette haine !

DERCOUR.

Je me ferai un plaisir de l'exciter encore, pour accroître la mienne.

ÉLÉONORE.

Tant mieux !

DERCOUR.

Eh bien ! si jadis nous jurâmes de nous aimer...

ÉLÉONORE.

Jurons à présent de nous haïr.

DERCOUR.

J'en fais le serment.

ÉLÉONORE.

Et moi, je le répète.

DERCOUR.

Je me sens soulagé.

COMÉDIE.

ÉLÉONORE.
Cela vaut mieux que de l'indifférence.
DERCOUR.
Qui ne convient qu'aux cœurs froids.
ÉLÉONORE.
Le mien ne le fut jamais.
DERCOUR.
Et le mien, Eléonore? le mien... ah! cruelle!
ÉLÉONORE.
Ah! perfide!
DERCOUR, *à part.*
Jamais je ne la vis plus belle.
ÉLÉONORE, *à part.*
Mes larmes sont prêtes à couler.
DERCOUR, *à part.*
Si je reste un moment de plus,
ÉLÉONORE, *à part.*
Si je l'écoute encore,
DERCOUR, *à part.*
Je tombe à ses pieds.
ÉLÉONORE, *à part.*
Je lui pardonne.
DERCOUR, *à part.*
Ce seroit une honte,
ÉLÉONORE, *à part.*
Ce seroit une foiblesse
DERCOUR, *à part.*
Dont j'aurois trop à rougir.
ÉLÉONORE.
Que je ne me pardonnerois jamais.
DERCOUR.
Éléonore!
ÉLÉONORE.
Dercour!
DERCOUR.
Eh bien!
ÉLÉONORE.
Plaît-il?
DERCOUR.
Il faut nous dire un éternel adieu.
ÉLÉONORE.
Eh bien! adieu.

DERCOUR.

Adieu pour toujours.

ÉLÉONORE.

Pour toujours. (*Ils se sont éloignés et se tournent le dos.*)

SCENE XV.

JEANNETTE, ÉLÉONORE, DERCOUR, MASCARILLE.

JEANNETTE, *bas à Éléonore.*

Le contrat est passé.

ÉLÉONORE, *à part.*

J'avois besoin de cette nouvelle.

MASCARILLE, *bas à Dercour.*

Demain ils se marient.

DERCOUR, *à part.*

C'est à présent que je la hais.

JEANNETTE *à Éléonore.*

La voyez-vous comme elle est fière?

MASCARILLE *à Dercour.*

Regardez comme il est content.

SCENE XVI ET DERNIÈRE.

JEANNETTE, ÉLÉONORE, PERRINE, HENRI, DERCOUR, MASCARILLE.

HENRI, *qui baise la main de Perrine.*

Ma belle Eléonore !

ÉLÉONORE, *à part.*

Que dit-il ?

PERRINE.

Mon cher Dercour !

DERCOUR.

Qu'entends-je?

HENRI.

Voici donc le moment de mon bonheur ! (*Il baise la main de Perrine.*)

DERCOUR.

Impertinent valet ! tu as eu l'audace de prendre aussi mon nom !

HENRI.

On me l'a donné.

PERRINE.

Un valet ! qu'est-ce à dire ? Mais voyez ce maraud !

COMÉDIE.

ÉLÉONORE.

Et vous, mademoiselle Perrine vous n'êtes pas moins coupable.

PERRINE.

C'est sans malice, en vérité.

HENRI.

Perrine! Oh! quelle découverte! mais voyez cette péronnelle!

MASCARILLE.

Henri, je te fais compliment sur ta conquête!

JEANNETTE.

Ma chère camarade veut-elle aussi recevoir le mien?

HENRI.

J'épouserois cette friponne!

PERRINE.

J'aurois pour mari un tel faquin!

HENRI.

Une trompeuse!

PERRINE.

Un menteur effronté!

HENRI.

Je suis dans un étonnement!

PERRINE.

Je suis dans une colère! je ne sais qui me tient que je ne le dévisage.

HENRI.

Modérez-vous, doux objet de mes vœux; je ne suis pas plus patient que vous, et vous trouveriez à qui parler.

MASCARILLE.

Allez, allez, vous n'avez point de reproche à vous faire.

JEANNETTE.

Vous êtes dignes l'un de l'autre.

DERCOUR.

Et nous, Eléonore, que dirons-nous?

ÉLÉONORE.

Vous m'avez soupçonnée, Dercour.

DERCOUR.

Nos torts sont réciproques.

ÉLÉONORE.

Nos sermens de haine éternelle....

DERCOUR.

La jalousie les arrache.

DERCOUR.
Et l'amour ne doit tenir...
ÉLÉONORE.
Que ceux qu'il a fait faire.
(*Pendant le dialogue de Dercour et d'Éléonore, Henri et Perrine se sont ôtés du milieu, et vont à la droite ; Jeannette et Mascarille sont à la gauche.*)
HENRI.
Et nous, Perrine, resterons-nous brouillés ?
PERRINE.
Après nous être dit de si jolies choses.
MASCARILLE.
Ce seroit dommage.
DERCOUR.
Ils nous ont fait bien du mal.
HENRI.
Mais fort innocemment.
ÉLÉONORE.
Nous allions leur devoir notre rupture...
PERRINE.
Vous nous devez le plaisir d'un raccommodement.
DERCOUR.
Allons, on vous pardonne.
ÉLÉONORE.
On se charge de vous.
HENRI *à Perrine*.
Tu me pardonnes aussi ?
PERRINE.
Hélas ! il le faut bien.
MASCARILLE.
Et mes quinze cents francs ?
DERCOUR.
Je te les garantis.
MASCARILLE *à Jeannette.*
Je les mets à tes pieds.
JEANNETTE.
Et moi, je les ramasse.
HENRI.
Vive la joie ! nous sommes tous contens ! (*au public*) et rien ne manque à notre bonheur s'il obtient votre approbation.

FIN.

www.ingramcontent.com/pod-product-compliance
Lightning Source LLC
Chambersburg PA
CBHW060528050426
42451CB00011B/1714